Manish Singh
Girish Kumar

Atenuação de ataques de inundação na IoT do consumidor

Manish Singh
Girish Kumar

Atenuação de ataques de inundação na IoT do consumidor

Estratégias para uma melhor mitigação dos riscos da IoT

ScienciaScripts

Imprint

Any brand names and product names mentioned in this book are subject to trademark, brand or patent protection and are trademarks or registered trademarks of their respective holders. The use of brand names, product names, common names, trade names, product descriptions etc. even without a particular marking in this work is in no way to be construed to mean that such names may be regarded as unrestricted in respect of trademark and brand protection legislation and could thus be used by anyone.

Cover image: www.ingimage.com

This book is a translation from the original published under ISBN 978-620-8-01133-8.

Publisher:
Sciencia Scripts
is a trademark of
Dodo Books Indian Ocean Ltd. and OmniScriptum S.R.L publishing group

120 High Road, East Finchley, London, N2 9ED, United Kingdom
Str. Armeneasca 28/1, office 1, Chisinau MD-2012, Republic of Moldova, Europe
Printed at: see last page
ISBN: 978-620-8-33567-0

Índice

Resumo do livro

A Internet das Coisas (IoT) revolucionou a forma como vivemos e trabalhamos, mas também introduziu uma infinidade de ameaças à cibersegurança. Os dispositivos IoT, com os seus recursos informáticos limitados e a falta de funcionalidades de segurança, são vulneráveis a ataques que podem comprometer todo o sistema. Este livro centra-se em técnicas de prevenção contra ataques baseados na IoT, com especial ênfase em estratégias de cibersegurança para sistemas incorporados.

O livro começa por introduzir o conceito de segurança incorporada, que envolve a proteção dos sistemas incorporados contra várias ameaças e vulnerabilidades. Destaca a importância de proteger estes sistemas, dada a sua utilização generalizada e funções críticas. Em seguida, os autores debruçam-se sobre o surgimento da IoT e o seu impacto na superfície de ataque, o que torna difícil manter uma postura de segurança consistente. O livro explora quatro desafios comuns à segurança dos sistemas incorporados, incluindo a falta de normas universalmente aceites ou de melhores práticas, a utilização de ligações de rede sem fios, a incorporação de componentes de hardware e software de vários fornecedores e os longos ciclos de vida dos sistemas incorporados. Discute também as melhores práticas para os sistemas de segurança incorporados, como a segurança desde a conceção, que implica a integração de medidas de segurança desde as primeiras fases de desenvolvimento do sistema. Em seguida, os autores apresentam várias técnicas de prevenção contra ataques baseados na IoT, incluindo a avaliação e gestão de riscos, a deteção de ameaças e a monitorização contínua. Discutem também a importância de colmatar a escassez de recursos nos dispositivos antigos e de reduzir a exposição ao risco.

Ao longo do livro, os autores fornecem exemplos do mundo real e estudos de caso para ilustrar os conceitos e estratégias discutidos. O livro conclui enfatizando a necessidade de uma abordagem abrangente à segurança da IoT, que combine a segurança do dispositivo com a observabilidade para minimizar o risco e maximizar as operações.

Público-alvo: Este livro destina-se a profissionais de cibersegurança, projectistas de sistemas incorporados e fabricantes de dispositivos IoT que pretendam conhecer técnicas de prevenção contra ataques baseados na IoT e estratégias de cibersegurança para sistemas incorporados.

Sobre o autor

Manish Singh, um entusiasta da tecnologia e especialista em cibersegurança, criou uma carreira dinâmica baseada na educação e na experiência prática. Possui um Diploma em Cibersegurança, DCA, BCA e MCA da Lovely Professional University, Punjab, Índia. Manish está atualmente a tirar o seu doutoramento em cibersegurança, solidificando ainda mais os seus conhecimentos neste domínio.

Girish Kumar, com uma experiência de cerca de 15 anos no domínio da programação como C, C++, FORTRAN 77, java, VB6.0, VB.net, Python, C#. Também trabalhou em projectos reais baseados em Net e java com oracle, MySQL, SQL server, Sq-lite, como back-end. Mais de 15 publicações nacionais e internacionais.

1. Introdução

As ameaças à cibersegurança, nomeadamente os ataques de inundação que conduzem à negação de serviço (DoS), colocam desafios significativos aos sistemas interligados modernos. Com o advento da Internet das Coisas (IoT), a superfície de ataque expandiu-se, exigindo novas abordagens para proteger eficazmente estes dispositivos e redes. Esta proposta de investigação tem como objetivo investigar a integração da IoT em estratégias de cibersegurança para mitigar ataques de inundação e prevenir incidentes de DoS.

1.1 Objectivos do livro

- Analisar o panorama atual dos ataques de inundação e dos incidentes DoS em ambientes IoT.

- Identificar vulnerabilidades e potenciais vectores de ataque em dispositivos e redes IoT susceptíveis de ataques de inundação.

- Desenvolver novas estratégias de atenuação que aproveitem as tecnologias IoT para defender contra ataques de inundação e evitar incidentes DoS.

- Avaliar a eficácia e a eficiência das estratégias de atenuação propostas através de experiências e simulações.

- Fornecer recomendações e diretrizes práticas para a implementação de sistemas IoT seguros e resistentes a ataques de inundação.

2. Introdução à cibersegurança

2.1 Introdução

No mundo interligado de hoje, em que a tecnologia desempenha um papel vital no nosso quotidiano, a ameaça de ataques informáticos tornou-se uma preocupação premente. A cibersegurança, também conhecida como segurança das tecnologias da informação, é a prática de proteger os sistemas informáticos, as redes e as informações sensíveis contra o acesso, a utilização, a divulgação, a perturbação, a modificação ou a destruição não autorizados.

O que é a cibersegurança?

A cibersegurança é um termo abrangente que engloba uma série de técnicas, tecnologias e melhores práticas concebidas para proteger a informação digital, os sistemas informáticos e os dados electrónicos de vários tipos de ameaças. Estas ameaças podem assumir várias formas, incluindo:

- Malware: Software concebido para danificar ou explorar um sistema informático, como vírus, worms e cavalos de Troia.

- Phishing: Fraudes que induzem as pessoas a revelar informações sensíveis, como palavras-passe ou informações financeiras.

- Ransomware: Malware que exige um pagamento em troca do restabelecimento do acesso a dados encriptados.

- Negação de serviço (DoS): Ataques que sobrecarregam um sistema, tornando-o indisponível para os utilizadores.

- Man-in-the-Middle (MitM): Ataques que interceptam a comunicação entre duas partes, muitas vezes para roubar informações sensíveis.

Porque é que a cibersegurança é importante?

Na atual era digital, a cibersegurança é crucial por várias razões:

- Proteção de informações sensíveis: As medidas de cibersegurança ajudam a proteger informações sensíveis, como dados financeiros, informações pessoais identificáveis (IPI) e dados comerciais confidenciais.

► Prevenção de perdas financeiras: Os ataques informáticos podem resultar em perdas financeiras significativas, quer através de roubo direto, quer através da perturbação das operações comerciais.

► Reputação e confiança: Um ataque cibernético pode prejudicar a reputação de uma organização e corroer a confiança dos clientes, com consequências a longo prazo.

► Conformidade com os regulamentos: Muitas indústrias estão sujeitas a regulamentos que exigem a implementação de medidas robustas de segurança cibernética para proteger informações sensíveis.

2.2 Tipos de ameaças à cibersegurança

As ameaças à cibersegurança podem ser classificadas em vários tipos, incluindo:

► Ameaças à segurança da rede: Ameaças que visam a infraestrutura de rede, como routers, switches e firewalls.

► Ameaças à segurança das aplicações: Ameaças que visam aplicações de software, tais como aplicações Web, aplicações móveis e aplicações de ambiente de trabalho.

► Ameaças à segurança dos terminais: Ameaças que visam dispositivos de ponto final, como computadores portáteis, computadores de secretária e dispositivos móveis.

► Ameaças à segurança dos dados: Ameaças que visam dados sensíveis, tais como acesso não autorizado, roubo ou destruição.

2.3 Medidas de cibersegurança

Para se protegerem contra as ciberameaças, as organizações e os indivíduos podem implementar várias medidas de cibersegurança, incluindo:

► Firewalls: Sistemas de segurança de rede que controlam o tráfego de entrada e de saída da rede.

► Encriptação: Técnicas que convertem dados de texto simples em texto cifrado ilegível para os proteger de acessos não autorizados.

► Controlo de acesso: Mecanismos que regulam o acesso dos utilizadores a sistemas informáticos, redes e dados.

► Software antivírus: Programas que detectam, previnem e removem malware dos sistemas informáticos.

2.4 História

A história da cibersegurança é uma história fascinante que se estende por mais de cinco décadas. Desde os primórdios da computação até aos dias de hoje, a cibersegurança evoluiu significativamente, impulsionada pelos avanços tecnológicos, pela ascensão da Internet e pela crescente sofisticação das ciberameaças.

► 1960: O alvorecer da informática

O primeiro erro informático foi descoberto em 1947, mas só na década de 1960 é que foram criados os primeiros vírus informáticos. Estes primeiros vírus eram relativamente inofensivos e eram frequentemente criados como brincadeiras ou experiências.

► 1970: O surgimento da segurança de rede

A década de 1970 assistiu ao desenvolvimento dos primeiros protocolos de segurança de rede, incluindo o Secure Socket Layer (SSL) e o Internet Protocol Security (IPSec). Estes protocolos foram concebidos para proteger a transmissão de dados através de redes.

► 1980: A ascensão da Internet

A década de 1980 assistiu à adoção generalizada da Internet, que trouxe novos desafios à segurança. Foram descobertos os primeiros worms informáticos, como o "Morris Worm", e foi desenvolvido o primeiro software antivírus.

► 1990: A era dos ataques cibernéticos

A década de 1990 assistiu a um aumento significativo dos ataques informáticos, incluindo os primeiros ataques de negação de serviço (DoS) e o aparecimento de malware. O vírus "I Love You", também conhecido como

"Love Bug", foi um dos ataques informáticos mais significativos da década, infectando milhões de computadores em todo o mundo.

▶ 2000: A era das ameaças avançadas

A década de 2000 assistiu ao aparecimento de ameaças avançadas, incluindo phishing, spear phishing e Ameaças Persistentes Avançadas (APT). O worm "Stuxnet", descoberto em 2010, era uma peça de malware altamente sofisticada que visava sistemas de controlo industrial.

▶ 2010: A era da guerra cibernética

A década de 2010 assistiu ao aparecimento da ciberguerra, com actores de estados-nação a envolverem-se em ciberataques contra outros países. O "hack da Sony Pictures" em 2014 e a "violação da Equifax" em 2017 foram dois dos ataques informáticos mais significativos da década.

▶ Atualidade: A Era da Inteligência Artificial e da IoT Atualmente, a cibersegurança é mais complexa do que nunca, com o aumento da inteligência artificial (IA) e da Internet das Coisas (IoT). As ciberameaças estão a tornar-se cada vez mais sofisticadas e a utilização da IA e da aprendizagem automática está a tornar-se mais predominante na cibersegurança.

Principais marcos na história da cibersegurança

1947: É descoberto o primeiro erro informático

1960: São criados os primeiros vírus informáticos

1970: São desenvolvidos os primeiros protocolos de segurança de rede

1980: É desenvolvido o primeiro software antivírus

1990: São registados os primeiros ataques informáticos

2000: Surgem ameaças avançadas, incluindo phishing e APTs

2010: A guerra cibernética torna-se uma realidade

2020: A IA e a IoT tornam-se actores importantes na cibersegurança

2.5 Domínios da cibersegurança

A cibersegurança é um campo vasto que engloba vários domínios, cada um com o seu próprio conjunto de desafios e requisitos. Eis alguns dos principais domínios da cibersegurança:

- ▶ Segurança da rede: A segurança da rede envolve a proteção das redes informáticas contra o acesso, a utilização, a divulgação, a perturbação, a modificação ou a destruição não autorizados. Isto inclui: Firewalls e sistemas de deteção/prevenção de intrusões Segmentação e isolamento da rede Protocolos de comunicação seguros (por exemplo, SSL/TLS, HTTPS) Controlo e autenticação do acesso à rede.

- ▶ Segurança das aplicações: A segurança das aplicações envolve a proteção das aplicações de software contra vulnerabilidades e ataques. Isso inclui: Práticas de codificação segura e revisões de código Firewalls de aplicações e sistemas de deteção de intrusão Mecanismos seguros de autenticação e autorização Validação e sanitização de entradas.

- ▶ Segurança dos pontos terminais: A segurança dos pontos finais envolve a proteção dos dispositivos dos pontos finais (por exemplo, computadores portáteis, computadores de secretária, dispositivos móveis) contra ciberameaças. Isto inclui: Software antivírus e deteção de malware Configuração e gestão da firewall Mecanismos de arranque seguro e actualizações de firmware Encriptação de dispositivos e controlo de acesso.

- ▶ Segurança dos dados: A segurança dos dados envolve a proteção de dados sensíveis contra o acesso, utilização, divulgação, modificação ou destruição não autorizados. Isto inclui: Encriptação e desencriptação de dados Cópia de segurança e recuperação de dados Controlo de acesso e autenticação de dados Sistemas de prevenção de perdas de dados (DLP).

- ▶ Gestão de Identidade e Acesso (IAM): O IAM envolve a gestão das identidades dos utilizadores e o acesso a sistemas informáticos, redes e dados. Isto inclui: Autenticação e autorização de utilizadores Federação de identidades e início de sessão único (SSO) Controlo de acesso baseado em funções (RBAC) e controlo de acesso baseado em atributos (ABAC) Sistemas de gestão de identidades e acessos (por exemplo, Active Diretory, LDAP).

► Segurança da nuvem: A segurança da nuvem envolve a proteção de ambientes de computação em nuvem contra ciberameaças. Isto inclui: Arquitetura e conceção da segurança na nuvem Encriptação de dados na nuvem e controlo de acesso Gestão da identidade e do acesso na nuvem Monitorização da segurança na nuvem e resposta a incidentes.

► Criptografia: A criptografia envolve a utilização de algoritmos matemáticos para proteger os dados contra o acesso não autorizado. Isto inclui: Encriptação simétrica e assimétrica Funções de hash e assinaturas digitais Gestão e distribuição de chaves Análise de criptos e criptomatemática.

► Cibersegurança na IoT A Internet das Coisas (IoT) transformou a forma como vivemos e trabalhamos, mas também introduziu novos riscos de cibersegurança. Os dispositivos IoT, que incluem tudo, desde electrodomésticos inteligentes a sistemas de controlo industrial, são vulneráveis a ataques cibernéticos, que podem ter consequências graves.

2.6 Impactos da cibersegurança na IoT

Cibersegurança na IoT A Internet das Coisas (IoT) transformou a forma como vivemos e trabalhamos, mas também introduziu novos riscos de cibersegurança. Os dispositivos IoT, que incluem tudo, desde electrodomésticos inteligentes a sistemas de controlo industrial, são vulneráveis a ataques cibernéticos, que podem ter consequências graves.

Ameaças à cibersegurança da IoT

► Sequestro de dispositivos: Os atacantes podem assumir o controlo de dispositivos IoT para lançar ataques DDoS, roubar dados sensíveis ou perturbar infra-estruturas críticas.

► Violação de dados: os dispositivos IoT podem ser utilizados para roubar dados sensíveis, como informações pessoais, dados financeiros ou propriedade intelectual.

► Ataques de ransomware: Os atacantes podem utilizar dispositivos IoT para lançar ataques de ransomware, que podem paralisar organizações inteiras.

► Danos físicos: Os dispositivos IoT podem ser utilizados para causar danos físicos, como no caso dos sistemas de controlo industrial ou dos dispositivos médicos.

► Violações de privacidade: Os dispositivos IoT podem ser utilizados para violar a privacidade dos indivíduos, por exemplo, através de vigilância não autorizada ou recolha de dados.

Melhores práticas de cibersegurança da IoT

A Internet das Coisas (IoT) introduziu novos riscos de cibersegurança e é essencial implementar as melhores práticas para proteger os dispositivos e as redes IoT. Aqui estão algumas práticas recomendadas de segurança cibernética da IoT:

► Implementar protocolos de comunicação seguros: Utilizar protocolos de comunicação seguros, como o HTTPS, para proteger os dados em trânsito.

► Use autenticação e autorização fortes: Implemente mecanismos de autenticação e autorização fortes para garantir apenas o acesso autorizado aos dispositivos IoT.

► Atualizar regularmente o firmware e o software: Actualize regularmente o firmware e o software para corrigir vulnerabilidades e resolver problemas de segurança.

► Utilizar encriptação: Utilize a encriptação para proteger os dados em repouso e em trânsito.

► Realizar auditorias de segurança regulares: Efetuar auditorias de segurança regulares para identificar vulnerabilidades e melhorar a segurança dos dispositivos IoT.

► Implementar a segmentação da rede: Implementar a segmentação da rede para isolar os dispositivos IoT de outras redes e reduzir a superfície de ataque.

► Utilizar soluções de segurança específicas da IoT: Utilize soluções de segurança específicas da IoT, como gateways de segurança da IoT, para proteger os dispositivos IoT.

2.7 Avanços

O domínio da cibersegurança tem registado avanços significativos nos últimos anos, com a integração da Inteligência Artificial (IA) e da Aprendizagem Automática (AM) a permitir uma deteção de ameaças, uma resposta a incidentes e uma análise de segurança mais rápidas e precisas. A segurança na nuvem também se tornou uma área de grande enfoque, com soluções de segurança baseadas na nuvem que fornecem deteção de ameaças em tempo real, resposta automatizada a incidentes e monitorização da conformidade.

Além disso, a segurança da IoT tornou-se uma preocupação crítica, com soluções de segurança específicas para a IoT que fornecem deteção de ameaças em tempo real, protocolos de comunicação seguros e capacidades de gestão de dispositivos. Além disso, o desenvolvimento da criptografia pós-quântica garantiu a segurança dos dados num mundo pós-quântico, enquanto a arquitetura de confiança zero proporcionou uma abordagem mais segura à segurança da rede. O DevSecOps também surgiu como uma prática que integra a segurança no DevOps, permitindo um desenvolvimento e uma implantação de software mais rápidos e seguros. A autenticação biométrica tornou-se uma alternativa mais segura e conveniente à autenticação tradicional baseada em palavras-passe, e a tecnologia de cadeia de blocos melhorou a segurança em várias indústrias. Foram também desenvolvidas soluções de segurança autónomas, utilizando IA e ML para detetar e responder a ameaças em tempo real, sem intervenção humana. Por último, as soluções de Deteção e Resposta Alargadas (XDR) integraram várias ferramentas e tecnologias de segurança para fornecer uma deteção e resposta abrangentes às ameaças, permitindo às organizações responder às ameaças de forma mais eficaz.

Estes avanços na cibersegurança estão a ajudar as organizações a manterem-se à frente das ameaças emergentes e a protegerem os seus dados e sistemas sensíveis.

3. Introdução à IoT

A Internet das Coisas (IoT) refere-se à rede de dispositivos físicos, veículos, electrodomésticos e outros itens incorporados com sensores, software e conetividade, permitindo-lhes recolher e trocar dados com outros dispositivos e sistemas através da Internet. Estes dispositivos, também conhecidos como "dispositivos inteligentes", podem comunicar entre si e com a Internet, permitindo-lhes interagir com o mundo físico e com os seres humanos de uma forma mais inteligente e automatizada.

O que é a IoT?

A IoT envolve a ligação de dispositivos, sensores e actuadores à Internet, permitindo-lhes recolher, enviar e receber dados. Esta conetividade permite que os dispositivos interajam entre si e com os seres humanos, criando uma rede de dispositivos interligados que pode proporcionar vários benefícios, tais como

> ► Automatização: os dispositivos loT podem automatizar tarefas, tornando a nossa vida mais fácil e mais cómoda.

> ► Eficiência: Os dispositivos IoT podem otimizar o consumo de energia, reduzir o desperdício e melhorar a produtividade.

> ► Segurança: Os dispositivos IoT podem detetar e responder a emergências, como incêndios ou intrusões.

> ► Cuidados de saúde: Os dispositivos IoT podem monitorizar a saúde e o bem-estar, fornecendo alertas precoces e melhorando os resultados dos tratamentos.

3.1 Caraterísticas da IoT

Os dispositivos IoT têm normalmente as seguintes caraterísticas:

> ► Conectividade: Os dispositivos IoT podem ligar-se à Internet e comunicar com outros dispositivos e sistemas.

> ► Deteção: os dispositivos loT podem detetar o seu ambiente e recolher dados utilizando sensores, tais como sensores de temperatura, humidade e movimento.

▶ Atuação: Os dispositivos IoT podem executar acções com base nos dados que recolhem, como acender luzes ou trancar portas.

▶ Inteligência: Os dispositivos IoT podem processar dados e tomar decisões de forma autónoma, sem intervenção humana.

▶ Autonomia: Os dispositivos IoT podem funcionar de forma independente, sem intervenção humana, durante longos períodos.

3.2 Protocolos e tecnologias IoT

Os dispositivos IoT utilizam vários protocolos e tecnologias para comunicar entre si e com a Internet, incluindo:

▶ Wi-Fi: um protocolo de rede sem fios utilizado para redes locais.

▶ Bluetooth: uma tecnologia de rede pessoal sem fios utilizada para a comunicação entre dispositivos.

▶ Zigbee: uma norma de comunicação sem fios de baixa potência utilizada para a domótica.

▶ LTE-M: uma norma de comunicação sem fios utilizada para dispositivos IoT que requerem conetividade com baixa largura de banda e baixo consumo de energia.

▶ 5G: uma norma de comunicação sem fios utilizada para aplicações IoT de elevada largura de banda e baixa latência.

3.3 Exemplos de dispositivos IoT

Alguns exemplos de dispositivos IoT incluem:

▶ ▶ Dispositivos domésticos inteligentes: termóstatos, sistemas de iluminação, câmaras de segurança e fechaduras de portas.

▶ Vestíveis: rastreadores de fitness, smartwatches e monitores de saúde.

▶ Automação industrial: sensores, actuadores e robôs utilizados no fabrico e na logística.

▶ Transportes: carros, camiões e drones conectados.

3.4 Desafios e preocupações

Embora a IoT ofereça muitos benefícios, também suscita vários desafios e preocupações, nomeadamente:

- ▸ Segurança: Os dispositivos IoT podem ser vulneráveis a ataques cibernéticos, comprometendo os dados e a privacidade.

- ▸ Privacidade: Os dispositivos IoT podem recolher dados sensíveis, o que suscita preocupações sobre a privacidade e a proteção dos dados.

- ▸ Interoperabilidade: Os dispositivos IoT de diferentes fabricantes podem não ser compatíveis entre si, criando desafios de integração.

- ▸ Escalabilidade: Os dispositivos IoT podem gerar grandes quantidades de dados, exigindo uma infraestrutura escalável e capacidades analíticas.

3.5 História da IoT

A história da Internet das Coisas (IoT) estende-se por mais de cinco décadas, começando com a criação do primeiro dispositivo do tipo IoT em 1969 na UCLA, uma máquina de venda automática de Coca-Cola controlada por computador que comunicava os seus níveis de inventário e temperaturas através de uma linha telefónica. Na década de 1980, o termo "Internet das coisas" foi cunhado por Peter T. Lewis e, na década de 1990, surgiu a tecnologia de identificação por radiofrequência (RFID), que permitia que os dispositivos comunicassem entre si através de ondas de rádio. O início da década de 2000 assistiu ao surgimento da comunicação Máquina a Máquina (M2M), permitindo que os dispositivos comunicassem sem intervenção humana e, em 2010, o termo "Internet das Coisas" foi popularizado por Kevin Ashton, marcando o início da era da IoT. O mercado da IoT começou a ganhar ímpeto em 2013, com o lançamento de startups e dispositivos centrados na IoT, como termóstatos inteligentes e rastreadores de fitness, e, em 2015, o mercado atingiu 655 mil milhões de dólares. O mercado da IoT continuou a crescer, atingindo 1,3 biliões de dólares em 2017 e 2,5 biliões de dólares em 2019, com uma estimativa de 30 mil milhões de dispositivos ligados em todo o mundo, e espera-se que atinja 3,7 biliões de dólares em 2025, impulsionado por tecnologias emergentes como 5G, inteligência artificial e computação de ponta.

Principais marcos na história da IoT

1969: O primeiro dispositivo do tipo IoT é criado na UCLA.

1980: O termo "Internet das Coisas" é cunhado por Peter T. Lewis.

1990: Surge a tecnologia RFID.

2000: A comunicação M2M torna-se popular.

2010: O termo "Internet das Coisas" é popularizado por Kevin Ashton.

2011: A primeira conferência sobre IoT realiza-se em Munique, na Alemanha.

2013: O mercado da IoT começa a ganhar dinamismo.

2014: A Google adquire a Nest por 3,2 mil milhões de dólares.

2015: O mercado da IoT atinge os 655 mil milhões de dólares.

2017: O mercado da IoT cresce para 1,3 biliões de dólares.

2019: O mercado da IoT atinge 2,5 biliões de dólares.

2020: A pandemia de COVID-19 acelera a adoção da IdC.

3.6 Domínios da IoT

Alguns domínios dos dispositivos IoT incluem:

► Dispositivos domésticos inteligentes: termóstatos, sistemas de iluminação, câmaras de segurança e fechaduras de portas.

► Vestíveis: rastreadores de fitness, smartwatches e monitores de saúde.

► Automação industrial: sensores, actuadores e robôs utilizados no fabrico e na logística.

► Transportes: carros, camiões e drones conectados.

3.7 Impactos da cibersegurança na IoT

A Internet das Coisas (IoT) transformou a forma como vivemos e trabalhamos, mas também introduziu uma nova vaga de ameaças à cibersegurança. Os dispositivos IoT, que estão frequentemente ligados à Internet e comunicam entre si, constituem uma vasta superfície de ataque para os cibercriminosos. Eis alguns dos impactos da IoT na cibersegurança:

▶ Aumento da superfície de ataque: Os dispositivos IoT, como os dispositivos domésticos inteligentes, os sistemas de controlo industrial e os wearables, proporcionam uma grande superfície de ataque para os cibercriminosos. Cada dispositivo é um potencial ponto de entrada para os hackers, o que dificulta a proteção de toda a rede.

▶ Palavras-passe e autenticação fracas: Muitos dispositivos IoT são fornecidos com palavras-passe predefinidas ou fracas, o que facilita o acesso dos hackers. Mecanismos de autenticação inadequados permitem o acesso não autorizado a dispositivos e dados.

▶ Vulnerabilidades não corrigidas: Os dispositivos IoT funcionam frequentemente com software ou sistemas operativos desactualizados, o que os torna vulneráveis a explorações conhecidas. Os fabricantes podem não fornecer atempadamente correcções de segurança, deixando os dispositivos expostos a ataques.

▶ Preocupações com a privacidade dos dados: os dispositivos IoT recolhem e transmitem dados sensíveis, como informações pessoais, dados de localização e métricas de saúde. O acesso não autorizado a estes dados pode levar ao roubo de identidade, fraude financeira e outras actividades maliciosas.

▶ Ataques DDoS: Os dispositivos IoT podem ser utilizados para lançar ataques de negação de serviço distribuído (DDoS), sobrecarregando as redes e causando tempo de inatividade. O botnet Mirai, que visava dispositivos IoT, é um exemplo notável de um ataque DDoS.

▶ Ransomware e malware: Os dispositivos IoT podem ser infectados com ransomware e malware, permitindo que os hackers exijam pagamentos ou roubem dados sensíveis. O ataque de ransomware Wanna-cry, que afectou dispositivos IoT, é um exemplo recente.

▶ Riscos da cadeia de fornecimento: Os dispositivos IoT dependem frequentemente de componentes e software de terceiros, o que pode introduzir riscos de segurança. Uma vulnerabilidade num componente pode comprometer todo o dispositivo ou rede.

▶ Falta de regulamentação e normas: O sector da IoT não dispõe de protocolos e regulamentos de segurança normalizados, o que dificulta a garantia da segurança dos dispositivos. Os fabricantes podem não dar prioridade à segurança, levando a dispositivos vulneráveis.

▶ Ameaças internas: O pessoal autorizado com acesso a dispositivos e redes IoT pode comprometer a segurança de forma intencional ou não. As ameaças internas podem ser particularmente prejudiciais em sectores como o da saúde e o financeiro.

▶ Riscos de segurança física: Os dispositivos IoT podem ser utilizados para comprometer a segurança física, como abrir portas ou desativar câmaras de segurança. A convergência dos riscos de segurança física e cibernética cria novos desafios para as organizações.

3.8 Fundamentos da atenuação dos riscos

Para mitigar estes impactos na cibersegurança, é essencial implementar medidas de segurança robustas, tais como:

▶ Conceção e desenvolvimento de dispositivos seguros

▶ Actualizações regulares do software e aplicação de patches

▶ Mecanismos sólidos de autenticação e autorização

▶ Encriptação e transmissão segura de dados

▶ Segmentação e isolamento da rede

▶ Monitorização contínua e resposta a incidentes

▶ Educação e sensibilização dos trabalhadores

▶ Conformidade regulamentar e adoção de normas

4. IoT a partir do zero

A Internet das Coisas (IoT) é uma tecnologia complexa e multifacetada, mas compreender os seus fundamentos é essencial para criar e implementar soluções IoT bem sucedidas. Aqui estão os principais fundamentos da IoT:

- ▶ Dispositivos e sensores: Os dispositivos IoT são objectos físicos que podem detetar, processar e comunicar dados. Os sensores são componentes que detectam e medem parâmetros físicos, como a temperatura, a humidade ou o movimento.

- ▶ Conectividade e comunicação: Os dispositivos IoT comunicam entre si e com a nuvem através de vários protocolos, como WiFi, Bluetooth, Zigbee ou redes celulares. A comunicação dispositivo-a-dispositivo (D2D) e dispositivo-a-nuvem (D2C) permite o intercâmbio e o processamento de dados.

- ▶ Dados e análises: Os dispositivos IoT geram grandes quantidades de dados, que são processados, analisados e armazenados na nuvem ou no local. Os algoritmos de análise de dados e de aprendizagem automática extraem informações e padrões dos dados IoT, permitindo decisões informadas.

- ▶ Computação em nuvem e de borda: A computação em nuvem fornece uma infraestrutura escalável e a pedido para o processamento e armazenamento de dados IoT. A computação periférica processa os dados mais perto do dispositivo, reduzindo a latência e melhorando o processamento em tempo real.

- ▶ Segurança e privacidade: A segurança da IoT envolve a proteção de dispositivos, dados e redes contra acesso não autorizado, malware e outras ameaças. As preocupações com a privacidade centram-se na proteção de dados sensíveis e na garantia de conformidade com os regulamentos.

- ▶ Protocolos e normas: os protocolos IoT, como CoAP, MQTT e HTTP, permitem a comunicação entre dispositivos e a troca de dados. As normas, como IEEE 802.15.4 e Zigbee, garantem a interoperabilidade e a consistência entre dispositivos e plataformas.

▶ Alimentação e recolha de energia: Os dispositivos IoT requerem frequentemente um baixo consumo de energia para prolongar a vida útil da bateria ou permitir a recolha de energia. As técnicas de recolha de energia, como a energia solar ou a energia baseada em vibrações, reduzem a necessidade de substituição das baterias.

▶ Sistemas operativos e firmware: os dispositivos IoT são executados em sistemas operativos especializados, como o RIOT, Zephyr ou FreeRTOS. As actualizações e a gestão do firmware são fundamentais para garantir a segurança e a funcionalidade dos dispositivos.

▶ Redes e arquitetura: As redes IoT, como as topologias em malha, em estrela ou em cluster, permitem a comunicação entre dispositivos e a troca de dados. As concepções de arquitetura, como a computação em nevoeiro ou as estruturas hierárquicas, optimizam o desempenho e a escalabilidade do sistema IoT.

▶ Aplicações e casos de utilização: As aplicações IoT abrangem vários sectores, incluindo a automação industrial, as cidades inteligentes, os cuidados de saúde e a eletrónica de consumo. Casos de utilização, como a manutenção preditiva, a otimização da cadeia de fornecimento ou a automação doméstica inteligente, demonstram o valor das soluções IoT.

▶ A Internet das Coisas é uma tecnologia trans-formativa que tem o potencial de revolucionar vários sectores e aspectos das nossas vidas. Embora apresente vários desafios, os benefícios da IoT, incluindo o aumento da eficiência, a redução de custos e a melhoria da segurança, fazem dela uma tecnologia essencial para o futuro.

5. Áreas de implementação da IoT com recurso à cibersegurança

À medida que a Internet das Coisas (IoT) continua a crescer, a cibersegurança desempenha um papel fundamental na proteção dos dispositivos, dados e redes da IoT contra várias ameaças. Eis algumas áreas de implementação da IoT que utilizam a cibersegurança:

A implementação da IoT com recurso à cibersegurança envolve várias medidas para proteger os dispositivos, os dados e as redes da IoT contra ameaças. Estas medidas incluem a integração segura de dispositivos, a segmentação da rede, a encriptação e a proteção de dados, a gestão da identidade e do acesso, a deteção e a resposta a ameaças, protocolos de comunicação seguros, actualizações de firmware e software, segurança física, segurança da cadeia de abastecimento, sensibilização e formação em cibersegurança, resposta e recuperação de incidentes, conformidade e regulamentação, gestão de dispositivos IoT, inteligência artificial e aprendizagem automática, e tecnologia de cadeia de blocos e de livro-razão distribuído. Ao implementar estas medidas de cibersegurança, as organizações podem garantir a confidencialidade, a integridade e a disponibilidade dos sistemas IoT, proteger dados sensíveis e impedir o acesso não autorizado, assegurando a implementação e o funcionamento seguros e protegidos dos dispositivos e redes IoT.

5.1 Ataques de inundação na IoT

Os ataques de inundação são um tipo de ataque de negação de serviço (DoS) em que um atacante envia uma grande quantidade de tráfego para uma rede ou dispositivo, sobrecarregando os seus recursos e causando a sua indisponibilidade. No contexto da IoT, os ataques de inundação podem ter consequências devastadoras, uma vez que podem comprometer a funcionalidade e a segurança dos dispositivos, redes e sistemas IoT.

5.2 Tipos de ataques de inundação na IoT

▶ Ataque de inundação SYN: Um atacante envia um grande número de pacotes SYN (sincronizar) para um dispositivo IoT, sobrecarregando os seus recursos e fazendo com que deixe de responder.

► Ataque de inundação UDP: Um atacante envia um grande número de pacotes UDP (User Data-gram Protocol) para um dispositivo IoT, sobrecarregando os seus recursos e fazendo com que deixe de responder.

► Ataque de inundação HTTP: Um atacante envia um grande número de pedidos HTTP a um dispositivo IoT, sobrecarregando os seus recursos e fazendo com que deixe de responder.

► Ataque de inundação CoAP: Um atacante envia um grande número de pacotes CoAP (Constrained Application Protocol) para um dispositivo IoT, sobrecarregando os seus recursos e fazendo com que deixe de responder.

5.3 Consequências dos ataques de inundação na IoT

► Falhas de dispositivos: Os ataques de inundação podem fazer com que os dispositivos IoT falhem ou deixem de responder, levando a tempo de inatividade e perda de funcionalidade.

► Congestionamento da rede: Os ataques de inundação podem causar congestionamento da rede, conduzindo a taxas de transferência de dados lentas e a um fraco desempenho da rede.

► Perda de dados: Os ataques de inundação podem causar perda de dados, uma vez que os dispositivos IoT podem não ser capazes de processar ou armazenar dados durante um ataque.

► Violações de segurança: Os ataques de inundação podem criar oportunidades para violações de segurança, uma vez que os atacantes podem utilizar o ataque como uma distração para injetar malware ou roubar dados sensíveis.

► Perdas financeiras: Os ataques de inundação podem resultar em perdas financeiras, uma vez que os dispositivos e as redes IoT podem ficar indisponíveis durante períodos prolongados, levando à perda de produtividade e de receitas.

5.4 Ataque de negação de serviço

Um ataque de negação de serviço DoS é um ataque malicioso a um computador ou rede que impede a acessibilidade dos recursos ao utilizador, normalmente interrompendo ou suspendendo temporariamente os serviços de um anfitrião ligado à Internet.

5.5 DoS e DDoS

Existem dois tipos de ataques de negação de serviço. Nesta fase, o utilizador malicioso pode selecionar o seu tipo de ataque de serviço com base na sua parte de hardware e software, no trabalho de equipa distribuído e no âmbito da rede-alvo. Basicamente, os dois tipos de ataque são:

1. Ataque de negação de serviço DoS:

Este ataque ao serviço pode ser feito através de um único utilizador do anfitrião. Não necessita de grandes configurações para iniciar o ataque, os ataques DoS são de baixo custo e difíceis de combater sem as ferramentas corretas. O tipo mais comum de ataque de negação de serviço envolve a inundação do recurso alvo com pedidos de comunicação externa. Esta sobrecarga impede que o recurso responda ao tráfego legítimo ou torna a sua resposta tão lenta que fica efetivamente indisponível.

Figura 1: Ataque de negação de serviço

2. Ataque de negação de serviço distribuído DDoS:

Este tipo de ataque pode ser efectuado através de vários anfitriões e de várias ligações à Internet, em que vários anfitriões iniciam um ataque DoS a um mesmo alvo. Este tipo de ataque é muito mais difícil de desviar, simplesmente porque não há um único atacante para defender, uma vez que o recurso visado será inundado com pedidos de muitas centenas e milhares de fontes múltiplas.

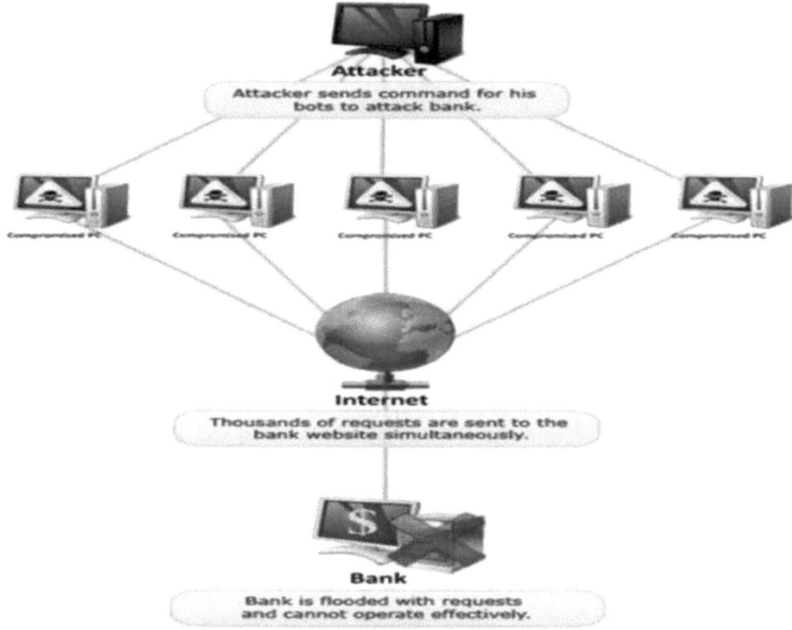

Figura 2: Ataque distribuído de negação de serviço

5.6 Tipos de ataque

O ataque de negação de serviço é classificado basicamente em três categorias.

► Ataques à largura de banda

► Ataques ao protocolo

► Ataques de vulnerabilidade de software

1. Ataques à largura de banda

Este tipo de ataque causa problemas nos ramos da rede do nó visado. Existem alguns tipos de ataques à largura de banda que são liderados por ataques de negação de serviço

- ▸ Ataque de inundação PING

- ▸ Ataque de inundação SYN

- ▸ Ataque DDoS

- ▸ Ataque de inundação UDP

2. Ataques ao protocolo

Este tipo de ataque é efectuado através da utilização de endereços IP falsos. Existem alguns tipos de ataques de protocolo utilizados pelo DoS

- ▸ Ataque Smurf

- ▸ Servidor de nomes DNS Ataque

3. Ataques de vulnerabilidade de software

Este ataque leva ao colapso do sistema através de um ataque DoS.

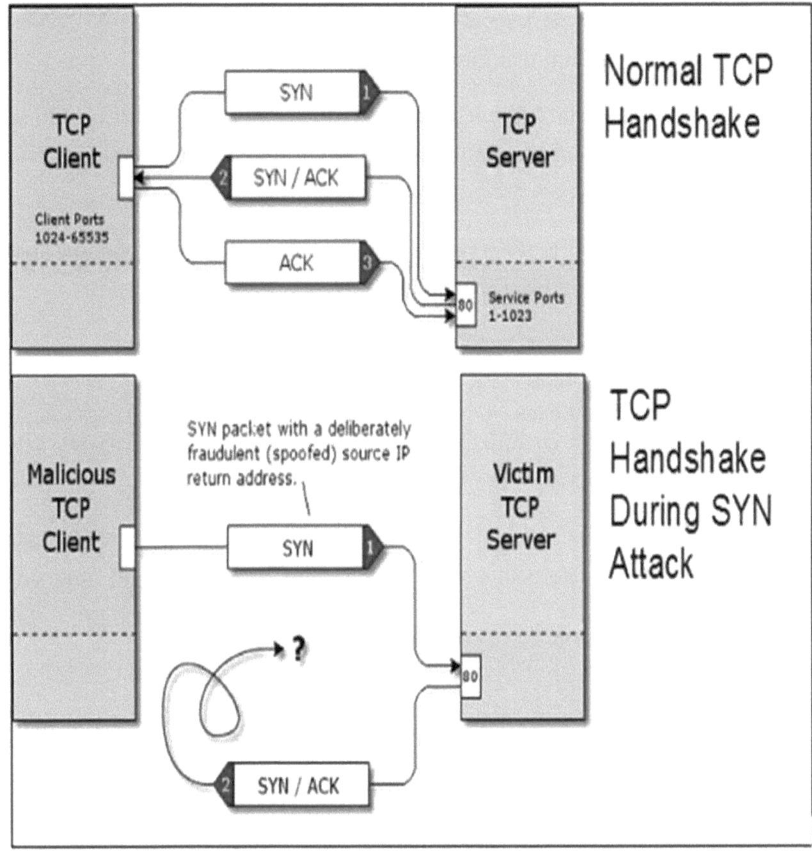

Figura 3: Ataque SYN Flood (DoS - Ataque à largura de banda)

5.7 Sintomas de ataque

Alguns sintomas comuns de ataques DoS (Denial of Service) e DDoS (Distributed Denial of Service):

Sintomas de ataques DoS

▶ Desempenho lento da rede: A rede torna-se lenta e demora muito tempo a aceder a sítios Web, aplicações ou dispositivos.

▶ Dispositivos que não respondem: Os dispositivos ou servidores deixam de responder e os utilizadores não conseguem aceder-lhes.

▶ Aumento da perda de pacotes: Há um aumento significativo da perda de pacotes, o que leva a um mau desempenho da rede.

▶ Utilização elevada da CPU: A utilização da CPU aumenta significativamente, fazendo com que os dispositivos fiquem mais lentos ou deixem de responder.

▶ Consumo de memória: O consumo de memória aumenta, levando a falhas no dispositivo ou a um desempenho lento.

▶ Congestionamento da rede: Ocorre um congestionamento da rede, causando atrasos e perda de pacotes.

▶ Mensagens de erro: Os utilizadores recebem mensagens de erro, tais como "Servidor não encontrado" ou "Tempo limite de ligação".

▶ Padrões de tráfego invulgares: Os padrões de tráfego da rede tornam-se invulgares, com um aumento súbito do tráfego proveniente de uma única fonte.

Sintomas de ataques DDoS

▶ Pico de tráfego maciço: Um pico repentino e maciço de tráfego, muitas vezes de várias fontes, sobrecarrega a rede ou o dispositivo.

▶ Sobrecarga da rede: A rede fica sobrecarregada, fazendo com que os dispositivos fiquem mais lentos ou deixem de responder.

▶ Esgotamento de recursos: Recursos como CPU, memória e largura de banda são esgotados, levando a falhas no dispositivo ou desempenho lento.

▶ Fontes de tráfego invulgares: O tráfego provém de fontes invulgares, como endereços IP ou países desconhecidos.

▶ Amplificação do tráfego: O tráfego é amplificado, com uma pequena quantidade de tráfego a gerar uma grande resposta do dispositivo ou rede visados.

▶ Endereços IP falsificados: Os endereços IP são falsificados, o que dificulta a identificação da origem do ataque.

▶ Múltiplos vectores de ataque: São utilizados vários vectores de ataque, como HTTP, DNS e UDP, para sobrecarregar o dispositivo ou a rede visados.

▶ Dificuldade em identificar a fonte: Torna-se difícil identificar a origem do ataque, uma vez que o tráfego provém de várias fontes.

6. Técnicas de ataque de inundação

As técnicas comuns utilizadas nos ataques DoS (Denial of Service) e DDoS (Distributed Denial of Service) são:

6.1 Técnicas de ataque DoS

► Inundação de TCP SYN: Um atacante envia um grande número de pacotes TCP SYN para o dispositivo de uma vítima, sobrecarregando os seus recursos e fazendo com que deixe de responder.

► Inundação UDP: Um atacante envia um grande número de pacotes UDP para o dispositivo de uma vítima, sobrecarregando os seus recursos e fazendo com que este deixe de responder.

► Inundação de ICMP: Um atacante envia um grande número de pacotes ICMP para o dispositivo de uma vítima, sobrecarregando os seus recursos e fazendo com que este deixe de responder.

► Inundação HTTP: Um atacante envia um grande número de pedidos HTTP para o servidor Web de uma vítima, sobrecarregando os seus recursos e fazendo com que deixe de responder.

► Ping da Morte: Um atacante envia um grande número de pacotes ping para o dispositivo de uma vítima, sobrecarregando os seus recursos e fazendo com que deixe de responder.

► Ataque Teardrop: Um atacante envia um grande número de pacotes fragmentados para o dispositivo da vítima, sobrecarregando os seus recursos e fazendo com que este deixe de responder.

► Ataque terrestre: Um atacante envia um grande número de pacotes com o mesmo endereço IP de origem e destino, sobrecarregando o dispositivo da vítima e fazendo com que este deixe de responder.

► Ataque Smurf: Um atacante envia um grande número de pacotes ICMP para o dispositivo de uma vítima, sobrecarregando os seus recursos e fazendo com que este deixe de responder.

6.2 Técnicas de ataque DDoS

► DDoS baseado em botnet: Um atacante utiliza uma botnet (uma rede de dispositivos comprometidos) para lançar um ataque DDoS contra o dispositivo ou a rede de uma vítima.

► Ataque de amplificação: Um atacante utiliza serviços de terceiros, como DNS ou NTP, para amplificar o tráfego enviado para o dispositivo ou rede de uma vítima.

► Ataque de reflexão: Um atacante falsifica o endereço IP de origem do tráfego para fazer parecer que vem de uma fonte legítima, dificultando o bloqueio do tráfego.

► DDoS de camada de aplicação: Um atacante visa uma aplicação ou serviço específico, como um servidor Web ou uma base de dados, para sobrecarregar os seus recursos e fazer com que deixe de responder.

► DDoS volumétrico: Um atacante envia uma grande quantidade de tráfego para o dispositivo ou rede de uma vítima, sobrecarregando os seus recursos e fazendo com que deixe de responder.

► Inundação de TCP SYN com IP falsificado: Um atacante envia um grande número de pacotes TCP SYN com endereços IP falsificados para o dispositivo da vítima, sobrecarregando os seus recursos e fazendo com que deixe de responder.

► Amplificação de DNS: Um atacante utiliza servidores DNS para amplificar o tráfego enviado para o dispositivo ou rede de uma vítima.

► Amplificação de NTP: Um atacante utiliza servidores NTP para amplificar o tráfego enviado para um dispositivo ou rede da vítima.

► Inundação HTTP com IP falsificado: Um atacante envia um grande número de pedidos HTTP com endereços IP falsificados para o servidor Web de uma vítima, sobrecarregando os seus recursos e fazendo com que deixe de responder.

▶ Amplificação do SSDP: Um atacante utiliza o SSDP (Simple Service Discovery Protocol) para amplificar o tráfego enviado para o dispositivo ou rede de uma vítima.

6.3 Ferramentas de ataque DoS

Existem algumas ferramentas que são utilizadas no ataque de negação de serviço. A maior parte das ferramentas de ataque DoS baseiam-se em GUI e requerem conhecimentos de rede para funcionar, configurar e lançar o ataque ao alvo:

- LOIC (canhão de iões de órbita baixa)

- HOIC (canhão de iões de alta órbita), etc.

O canhão de iões de baixa órbita é a ferramenta de ataque de negação de serviço mais utilizada por utilizadores maliciosos.

Figura 4: Ferramenta de ataque LOIC DoS

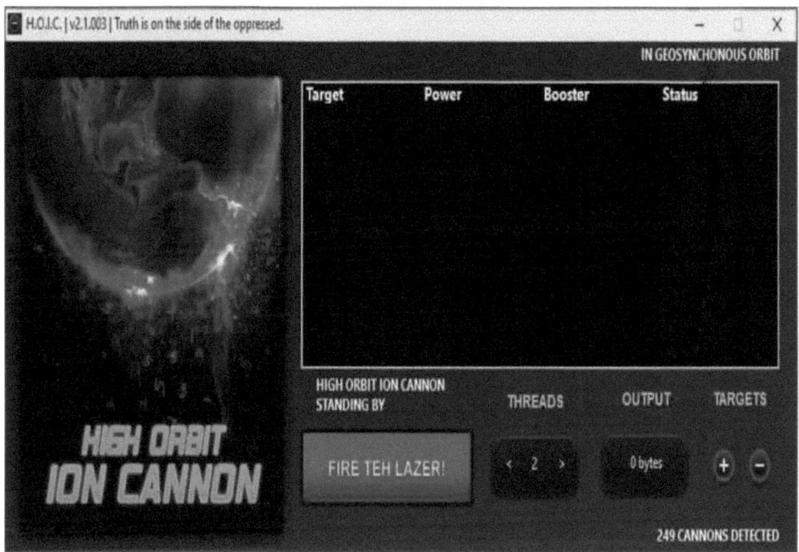

Figura 5: Ferramenta de ataque HOIC DoS

6.4 Ferramentas de ataque DDoS

Existem poucas ferramentas populares e estáveis para lançar um ataque distribuído de negação de serviço. As ferramentas de ataque D DoS mais populares e estáveis são baseadas em CLI e funcionam em ambientes UNIX de código aberto. A ferramenta mais popular utilizada é:

- SLOWLORIS etc..

Esta popular ferramenta Slow Loris, revelada por Rsnake em 2009, afecta em primeiro lugar apenas os serviços HTTP da vítima e prejudica o servidor de rede com um grande impacto.

Figura 6: Ferramenta de ataque DDoS Slowloris

6.5 Ataque a servidores Web alimentados por IoT

A primeira fase do início do ataque consiste em obter informações sobre a rede do sistema visado. Para obter estes pormenores, existem algumas ferramentas que fornecem informações sobre a rede visada, como o n map e o Advanced IP scanner. Para obter detalhes do alvo de origem, como os sítios Web de aplicações Web, podemos obter informações sobre a rede a partir do Acunetix Web Scanner e do who.is, etc. Depois, podemos avançar para os passos seguintes, que são a obtenção e a verificação dos detalhes. Algumas formas são:

▶ Contorno de autenticação: Os atacantes podem contornar os mecanismos de autenticação para obter acesso não autorizado ao dispositivo IoT.

▶ Ex-filtração de dados: Os atacantes podem roubar dados sensíveis do dispositivo IoT, tais como credenciais de utilizador ou informações sensíveis.

▶ Comunicação não segura: Os atacantes podem intercetar comunicações não seguras entre o dispositivo IoT e o utilizador, o que lhes permite roubar dados sensíveis ou injetar malware.

Para proteger os servidores Web baseados na IoT contra estes ataques, é essencial:

▶ Utilizar palavras-passe e credenciais fortes

▶ Manter o software e o firmware actualizados

► Implementar protocolos de comunicação seguros (por exemplo, HTTPS)

► Utilizar práticas de codificação seguras

► Efetuar auditorias de segurança e testes de penetração regulares

► Implementar sistemas de deteção e prevenção de intrusões

► Utilizar armazenamento seguro de dados e encriptação

► Limitar o acesso ao dispositivo IoT e à sua interface Web

► Monitorizar o dispositivo IoT e a sua interface Web para detetar actividades suspeitas

7. Processo de invasão da IoT

A invasão de uma rede IoT pode ser feita através de várias técnicas, incluindo a análise da rede para identificar portas e serviços abertos, a impressão digital de dispositivos para identificar tipos e modelos de dispositivos, a exploração de credenciais predefinidas ou vulnerabilidades conhecidas e a utilização de ataques man-in-the-middle para intercetar comunicações. Os atacantes podem também utilizar tácticas de engenharia social, malware e ransomware para obter o controlo dos dispositivos ou explorar protocolos de comunicação não seguros, encriptação fraca e ameaças internas. Os ataques físicos, os ataques à cadeia de fornecimento e a exploração do firmware também podem ser utilizados para comprometer os dispositivos IoT. Além disso, os atacantes podem utilizar serviços baseados na nuvem e protocolos específicos da IoT para lançar ataques. Para se proteger contra estas ameaças, é essencial implementar medidas de segurança robustas, realizar auditorias de segurança regulares, manter o software e o firmware actualizados e utilizar protocolos de comunicação e armazenamento de dados seguros.

7.1 Invasão da rede IoT

Objetivo: Uma vez que o atacante identifica o seu sistema-alvo e faz o reconhecimento inicial, como na estratégia de reconhecimento, o atacante concentra-se em obter um modo de entrada no sistema-alvo. É de notar que o scanning não se limita apenas à intrusão. Pode ser uma forma alargada de reconhecimento em que o atacante fica a saber mais sobre o seu alvo, como o sistema operativo utilizado, os serviços que estão a ser executados nos sistemas e os lapsos de configuração, se for possível identificar algum. O atacante pode então definir a estratégia do seu ataque, tendo em conta estes aspectos.

*O rastreio de rede refere-se a um conjunto de procedimentos para identificar anfitriões, portas e serviços numa rede.

*A análise da rede é um dos componentes da recolha de informações que um atacante utiliza para criar um perfil da organização alvo.

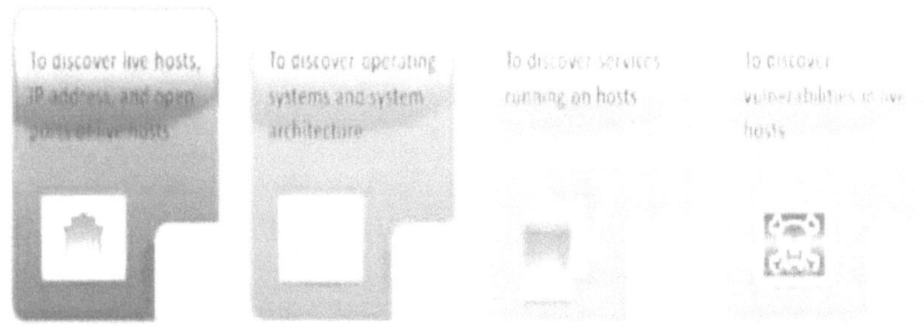

Figura 7: Objectivos da análise

7.2 Descrição geral do scan de rede IoT

O footprinting é a primeira fase da pirataria informática em que o atacante obtém informações sobre um potencial alvo. O footprinting, por si só, não é suficiente para a pirataria informática, porque aqui apenas se recolhem as informações primárias sobre o alvo. Esta informação primária pode ser utilizada na fase seguinte para recolher muitos mais pormenores sobre o alvo. O processo de recolha de detalhes adicionais sobre o alvo utilizando técnicas de reconhecimento altamente complexas e agressivas é designado por scanning.

A ideia é descobrir canais de comunicação exploráveis, sondar o maior número possível de ouvintes e registar os que respondem ou são úteis para a pirataria informática. Na fase de exploração, pode encontrar várias formas de se intrometer no sistema alvo. Também pode descobrir mais sobre o sistema alvo, como o sistema operativo utilizado, os serviços em execução e a existência ou não de lapsos de configuração no sistema alvo. Com base nos factos recolhidos, pode formar uma estratégia para lançar um ataque.

7.3 Tipos de análise de ataques à IoT

- ► Análise de rede - Endereços IP

- ► Análise de vulnerabilidades - Vulnerabilidades conhecidas

- ► Port Scanning - Portas abertas e serviços

No sentido tradicional, os pontos de acesso que um ladrão procura são as portas e as janelas. Estes são normalmente os pontos de vulnerabilidade da casa devido à sua acessibilidade relativamente fácil. Quando se trata de sistemas e redes informáticas, as portas são as portas e janelas do sistema que um intruso utiliza para obter acesso. Quanto mais portas estiverem abertas, maior será o número de pontos de vulnerabilidade, e quanto menos portas estiverem abertas, mais seguro é o sistema. Esta é simplesmente uma regra geral. Nalguns casos, o nível de vulnerabilidade pode ser elevado, apesar de haver poucas portas abertas.

O scanning de rede é uma das fases mais importantes da recolha de informações. Durante o processo de análise da rede, é possível recolher informações sobre endereços IP específicos que podem ser acedidos através da Internet, os sistemas operativos dos alvos, a arquitetura do sistema e os serviços executados em cada computador. Além disso, o atacante também recolhe detalhes sobre as redes e os seus sistemas anfitriões individuais.

Objectivos da análise da IoT:

Se tiver uma grande quantidade de informações sobre uma organização alvo, existem maiores hipóteses de conhecer os pontos fracos e as lacunas dessa organização em particular e, consequentemente, de obter acesso não autorizado à sua rede.

Antes de lançar o ataque, o atacante observa e analisa a rede alvo de diferentes perspectivas, efectuando diferentes tipos de reconhecimento. A forma de efetuar o scanning e o tipo de informação a obter durante o processo de scanning dependem inteiramente do ponto de vista do hacker. Pode haver muitos objectivos para realizar o scanning, mas aqui discutiremos os objectivos mais comuns que são encontrados durante a fase de hacking:

► Descoberta de anfitriões activos, endereço IP e portas abertas de anfitriões activos em execução na rede.

► Descobrir portas abertas: As portas abertas são a melhor forma de entrar num sistema ou numa rede. Pode encontrar formas fáceis de entrar na rede da organização alvo descobrindo portas abertas na sua rede.

► Descobrir os sistemas operativos e a arquitetura do sistema do sistema visado: Isto também é referido como fingerprinting. Aqui o atacante tentará lançar o ataque com base nas vulnerabilidades do sistema operativo.

► Identificar as vulnerabilidades e as ameaças: As vulnerabilidades e ameaças são os riscos de segurança presentes em qualquer sistema. É possível comprometer o sistema ou a rede explorando estas vulnerabilidades e ameaças.

7.4   Análise do sistema em direto

Todas as informações necessárias sobre um sistema podem ser recolhidas enviando-lhe pacotes ICMP. Como o ICMP não tem uma abstração de porta, isso não pode ser considerado um caso de varredura de porta. No entanto, é útil determinar quais hosts em uma rede estão ativos enviando pings para todos eles (a opção -P faz isso; a varredura ICMP agora está em paralelo, então pode ser rápida). O utilizador pode também aumentar o número de pings em paralelo com a opção -L. Também pode ser útil ajustar o valor do tempo limite do ping com a opção -T.

Consulta ICMP

A ferramenta UNIX ICMPquery ou ICMPush pode ser utilizada para pedir a hora no sistema (para saber em que fuso horário se encontra o sistema), enviando uma mensagem ICMP de tipo 13 (TIMESTAMP). A máscara de rede de um determinado sistema pode também ser determinada com mensagens ICMP de tipo 17 (ADDRESS MARK REQUEST). Depois de descobrir a máscara de rede de uma placa de rede, é possível determinar todas as sub-redes em uso. Depois de obter informações sobre as sub-redes, é possível visar apenas uma sub-redes específica e evitar atingir os endereços de difusão.

O ICMPquery tem uma opção de pedido de carimbo de data/hora e de máscara de endereço:

icmp query <-query-> [-B] [-f from host] ["d delay] [-T tim e] target

Onde

<query> é um dos:

- t: pedido de carimbo de data/hora icmp (predefinição)

- m: pedido de máscara de endereço icmp

- d: o tempo de espera entre pacotes é expresso em microssegundos.

- T - especifica o número de segundos a aguardar a resposta de um anfitrião. A predefinição é 5.

* Um alvo é uma lista de nomes de anfitriões ou endereços

8. Estratégias de atenuação

8.1 Introdução

A mitigação refere-se às acções tomadas para reduzir a gravidade, a seriedade ou o sofrimento de uma ameaça, risco ou vulnerabilidade. No contexto da segurança da IoT, as estratégias de mitigação são implementadas para evitar ou minimizar o impacto de potenciais ataques ou ameaças nos dispositivos e redes IoT.

Algumas estratégias de mitigação comuns para a segurança da IoT incluem:

- Implementação de protocolos de comunicação seguros e encriptação

- Realização regular de auditorias de segurança e de testes de penetração

- Manter o software e o firmware actualizados com os últimos patches de segurança

- Utilizar mecanismos de autenticação e autorização fortes

- Implementar a segmentação e o isolamento da rede

- Monitorização de dispositivos e redes IoT para detetar actividades suspeitas

- Implementação de planos de resposta a incidentes e de recuperação de desastres

- Educar os utilizadores e os programadores sobre as melhores práticas de segurança da IoT

- Implementação de mecanismos de arranque seguro e actualizações seguras do firmware

- Utilizar práticas seguras de armazenamento e processamento de dados

O objetivo da atenuação é reduzir o risco de um ataque ou violação bem sucedido e minimizar o impacto de uma violação, caso esta ocorra.

8.2 Análise e avaliação de riscos

A análise e avaliação de riscos são componentes críticos da segurança da IdC. Envolvem a identificação, avaliação e priorização de potenciais riscos para os dispositivos, redes e sistemas IoT. A análise de risco é o processo de identificação e avaliação de potenciais riscos para os dispositivos, redes e sistemas IoT. Envolve:

▸ Identificação de ameaças: Identificação de potenciais ameaças a dispositivos, redes e sistemas de loT, como hacking, malware e ataques físicos.

▸ Identificação de vulnerabilidades: Identificação de vulnerabilidades em dispositivos, redes e sistemas IoT que podem ser explorados por ameaças.

▸ Avaliação do risco: Avaliar a probabilidade e o impacto potencial de cada risco identificado.

A avaliação de riscos é o processo de priorização e quantificação dos riscos identificados durante a análise de riscos. Envolve:

▸ Pontuação dos riscos: Atribuição de uma pontuação a cada risco com base na sua probabilidade e impacto potencial.

▸ Categorização de riscos: Categorizar os riscos como altos, médios ou baixos com base nas suas pontuações.

▸ Priorização de riscos: Priorização de riscos com base em suas categorias e pontuações.

8.3 Quadros de avaliação de riscos

Estão disponíveis vários quadros de avaliação de riscos, incluindo:

▸ Quadro de Cibersegurança do NIST: Um quadro para gerir e reduzir o risco de cibersegurança.

▸ ISO 27001: uma norma para sistemas de gestão da segurança da informação.

▶ Metodologia de classificação de risco OWASP: Uma metodologia para avaliar o risco das vulnerabilidades de segurança das aplicações Web.

8.4 Ferramentas de avaliação de riscos

Estão disponíveis vários instrumentos de avaliação dos riscos, nomeadamente:

▶ Matrizes de risco: Uma ferramenta para avaliar e dar prioridade aos riscos com base na sua probabilidade e impacto potencial.

▶ Ferramentas de modelação de ameaças: Ferramentas para identificar e avaliar potenciais ameaças a dispositivos, redes e sistemas IoT.

▶ Scanners de vulnerabilidades: Ferramentas para identificar vulnerabilidades em dispositivos, redes e sistemas IoT.

▶ Exemplo de avaliação de riscos na IoT: Matriz

Risco	Probabilidade	Impacto	Pontuação	Categoria
Dispositivo não seguro	Elevado	Elevado	9	Elevado
Palavra-passe fraca	Médio	Médio	6	Médio
Firmware desatualizado	Baixa	Baixa	2	Baixa

Figura 8: Matriz de risco

* Ao efetuar uma análise e avaliação dos riscos, os fabricantes de dispositivos IoT, os administradores de rede e os programadores de sistemas podem identificar e dar prioridade aos riscos potenciais e implementar estratégias de atenuação eficazes para reduzir o risco de um ataque ou violação bem sucedidos.

8.5 Tratamento de ataques de inundação IoT

Não podemos impedir o ataque DOS, mas podemos reduzir o seu impacto utilizando Firewalls, Switches, Routers e defesas baseadas em DDS. O impacto do ataque DoS pode ser reduzido se os nossos serviços forem fortes e distribuídos.

Mas para lidar com o DDoS, precisamos de dispositivos caros e de um serviço de manutenção periódica com actualizações do sistema.

As estratégias para mitigar e lidar com os impactos das inundações IoT são:

▶ Filtragem de tráfego: Bloquear o tráfego de atacantes conhecidos ou endereços IP suspeitos.

▶ Limitação da taxa: Limitar a taxa de tráfego de entrada para evitar sobrecarregar o sistema.

▶ Bloqueio de endereços IP: Bloquear o tráfego de endereços IP ou redes específicas.

▶ Armazenamento em cache de conteúdo: Armazene em cache o conteúdo solicitado com frequência para reduzir a carga no sistema.

▶ Encaminhamento de qualquer elenco: Encaminhar o tráfego através de várias redes para distribuir a carga e reduzir o impacto do ataque.

▶ Proteção DoS baseada na nuvem: Utilizar serviços baseados na nuvem para absorver e filtrar o tráfego de ataque.

Outra forma simplificada de mitigar a máquina vítima:

Implementar mecanismos de proteção DoS, tais como:

▶ Filtragem e depuração de tráfego

▶ Bloqueio de endereços IP

▶ Limitação da taxa e modelação do tráfego

▶ Armazenamento em cache da rede de distribuição de conteúdos (CDN)

▶ Encaminhamento any-cast

Utilize serviços de proteção contra DoS baseados na nuvem ou redes de distribuição de conteúdos (CDN) que possam absorver e filtrar o tráfego de ataque.

8.6 Mitigação de ataques de inundação usando código Python

Aqui está o código para a mitigação e redução dos impactos do hospedeiro vítima de DoS:

```python
importar socket
# Criar um objeto socket
sock = socket.socket (socket.AF_INET, socket.SOCK_STREAM)
# Definir um limite de taxa de 10 pedidos por segundo
limite_de_taxa = 10
# Definir uma lista de bloqueio de atacantes conhecidos
block_list = ["192.168.1.100", "192.168.1.200"]
enquanto Verdadeiro:
    # Aceitar ligações de entrada
    conn, addr = sock.accept()
    # Verificar se o endereço IP está na lista de bloqueio
    se addr[0] in block_list:
        print("Bloqueando o tráfego de", addr[0])
        conn.close()
        continuar
    # Verificar o limite de taxa
    se rate_limit > 0:
        rate_limit -= 1
        print("Rate limit exceeded. Blocking traffic from", addr[0]) conn.close()
        continuar
    # Processar o pedido
    print("Processing request from", addr[0])
```

8.7   Ferramentas de proteção contra Dos e DDoS

Ferramentas de proteção contra DDoS para dispositivos IoT

- ▶ Kaspersky: A Kaspersky fornece ferramentas de proteção contra DDoS especificamente concebidas para dispositivos IoT.

- ▶ Symantec: A Symantec fornece ferramentas de proteção contra DDoS especificamente concebidas para dispositivos IoT.

- ▶ Trend Micro: A Trend Micro fornece ferramentas de proteção DDoS especificamente concebidas para dispositivos IoT.

- ▶ Nexus-guard: Fornece serviços de proteção DDoS especificamente concebidos para a indústria dos jogos.

- ▶ Imperva: Fornece serviços de proteção DDoS especificamente concebidos para o sector do comércio eletrónico.

- ▶ F5 Networks: A F5 Networks fornece serviços de proteção DDoS especificamente concebidos para o sector dos serviços financeiros.

- ▶ DDoS Deflate: O DDoS Deflate é uma ferramenta de proteção DDoS de código aberto que fornece deteção e atenuação em tempo real de ataques DDoS.

- ▶ Fail2Ban: O Fail2Ban é um sistema de deteção de intrusões de código aberto que fornece deteção e mitigação em tempo real de ataques DDoS.

- ▶ IPTables: O IPTables é uma firewall de código aberto que fornece deteção e mitigação em tempo real de ataques DDoS.

- ▶ Fortinet: O dispositivo de proteção contra DDoS da Fortinet fornece deteção e atenuação em tempo real de ataques DDoS.

- ▶ Palo-Alto Networks: A aplicação de proteção contra DDoS da Palo Alto Networks fornece deteção e mitigação em tempo real de ataques DDoS

    etc...

9. Estudo de caso I: Projeto

Estudo de caso

Título: Sistema MCU descentralizado habilitado para LoRa para avaliação avançada de segurança Wi-Fi com GUI intuitiva.

Subtítulo: Um sistema de rede baseado em NodeMCU para uma avaliação exaustiva da segurança de redes WiFi com capacidades avançadas de Pen Testing e uma interface gráfica intuitiva para o utilizador.

Resumo executivo: No mundo acelerado de hoje e no estilo de vida tecnológico inteligente e automatizado, a gestão do tempo e dos dados é essencial para todos. No mundo interligado de hoje, a proteção dos dados contra intrusões infecciosas é crucial para todos os indivíduos e organizações, independentemente do sector. À medida que fazemos a transição para ambientes de trabalho "inteligentes" e ecossistemas equipados digitalmente, maximizar a eficiência e a gestão do tempo torna-se primordial. No entanto, o ritmo acelerado dos avanços tecnológicos deixa frequentemente as infra-estruturas antigas vulneráveis.

Na era digital atual, as redes Wi-Fi constituem a espinha dorsal da comunicação e da transferência de dados. No entanto, a conveniência traz consigo a vulnerabilidade. As violações de dados e os ataques informáticos dirigidos às redes Wi-Fi são, infelizmente, uma ameaça crescente. Felizmente, a implementação de precauções de segurança robustas durante a monitorização de Wi-Fi pode aumentar significativamente a segurança dos dados.

Antecedentes: O tema deste estudo é 'Sistema MCU descentralizado habilitado para LoRa para avaliação avançada de segurança Wi-Fi com GUI intuitiva'. com ajuda em todos os vários mecanismos de segurança de dados sobre a rede WiFi com interface de linha de comando e sem usar ferramentas de monitoramento de rede e IDS muito caras, nossa solução de implementação pode ser útil para principalmente organizações, setores da indústria, escritórios, apartamentos, hospitais, shoppings, universidades etc. .. de uma forma rentável que pode ser facilmente adaptável e acessível com um orçamento económico sem quaisquer requisitos de nível de mudança importantes com uma abordagem inteligente relativamente ao ambiente automatizado inteligente sem quaisquer ferramentas ou hardware dispendiosos.

O conceito aqui é poupar tempo e realizar o trabalho de forma inteligente, fornecendo uma monitorização WiFi ética e precisa e a preparação de comandos das autoridades administradoras, uma vez que oferece uma alternativa sustentável a outras ferramentas e sistemas de monitorização de rede que requerem uma interação humana totalmente conhecedora, com um processo de pegada que consome muito tempo para operar o sistema e a monitorização da forma tradicional antiga.

Solução: O nosso sistema proposto baseia-se totalmente na implementação de tecnologia inteligente com caraterísticas como Esta nova invenção proposta, concebida eticamente para a solução de segurança Wi-Fi, aproveitando o modelo Zero Trust e a tecnologia IoT. Os nossos nós baseados em NodeMCU com comunicação LoRa oferecem um rastreio e monitorização em grande escala, eliminando a pegada avançada para uma deteção robusta de ameaças através de um software a partir do qual podemos aceder a todas as necessidades do utilizador com implementação em direto, utilizando LoRa podemos arquivar os nossos trabalhos práticos numa vasta gama sem qualquer problema, lógica totalmente incorporada sem falhas ou perda de dados, totalmente baseada nos trabalhos do Triângulo CIA, preenche totalmente todas as necessidades relacionadas com testes de penetração num único ecrã baseado em GUI.

Princípio de funcionamento: Nesta invenção, propusemos uma solução importante baseada na tecnologia da Internet das coisas e no chip de rede NodeMCU ESP8266 e uma antena GSM de rede LoRa para cobrir uma monitorização metropolitana em larga escala, o nosso conceito aqui é fornecer soluções fáceis e minimizar todo o processo avançado de impressão a pé que exigimos para monitorizar a nossa rede contra ameaças externas e administrar todas as várias caraterísticas de um único painel de instrumentos na interface gráfica do utilizador de forma ética num ambiente totalmente inteligente e facilmente adaptável.

Esta nova invenção ' Sistema MCU descentralizado habilitado para LoRa para avaliação avançada de segurança Wi-Fi com GUI intuitiva ', eticamente projetado para solução de segurança Wi-Fi alavancando o modelo Zero Trust e a tecnologia IoT. Os nossos nós baseados em NodeMCU com comunicação LoRa oferecem uma análise e monitorização em larga escala, eliminando a pegada avançada para uma deteção robusta de ameaças. Um painel de controlo centralizado com GUI permite que os administradores tenham uma visão de controlo de painel único para uma resposta e gestão eficientes de incidentes, aderindo a princípios éticos através de comunicação segura e controlo de acesso. Este sistema inteligente e adaptável, que combina a abordagem proactiva da Zero Trust com a monitorização da rede inteligente de escalabilidade da IoT, representa um guardião para as necessidades modernas de segurança Wi-Fi num ambiente facilmente adaptável.

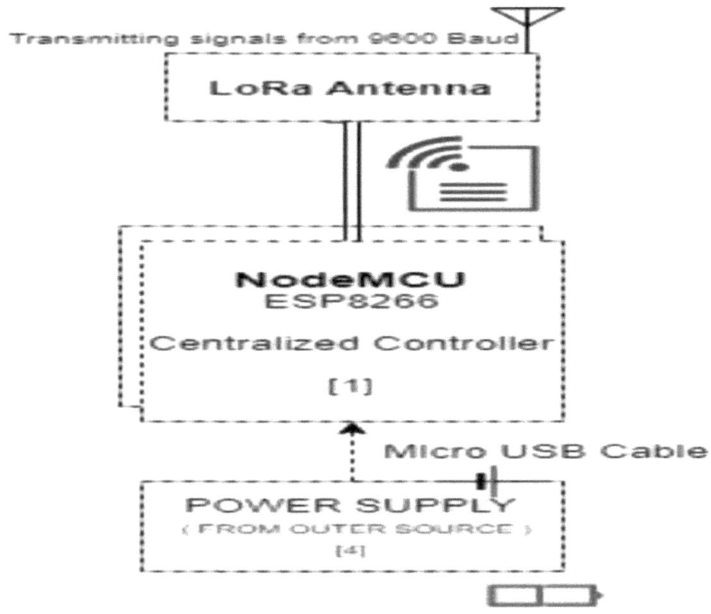

Figura A. Os componentes utilizados para o "sistema MCU descentralizado ATIVADO POR lora para avaliação avançada da segurança wi-fi com GUI intuitiva

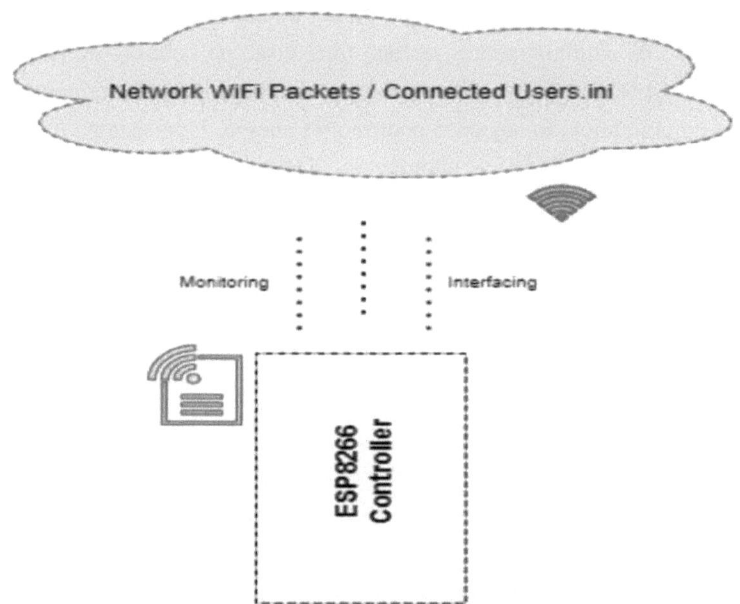

Figura B. A arquitetura lógica de trabalho de ' LoRa-Enabled Decentralized MCU System for Advanced Wi-Fi Security Assessment with Intuitive GUI'

Vantagens do estudo de caso I:

► Este dispositivo de monitorização WiFi automatizado e inteligente é uma nova revolução em todas as necessidades relacionadas com a rede WiFi através de um único ecrã de controlo.

► O sistema proposto mantém-se atento a todos os requisitos relacionados com o processamento da transmissão de pacotes de entrada e saída de tráfego WiFi.

► O sistema proposto pode funcionar em todas as áreas geográficas e pode ser implementado em qualquer sector, como hospitais, empresas, universidades, complexos comerciais, etc., para avançar para um ambiente de trabalho inteligente.

► Esta abordagem inteligente combina a segurança proactiva Zero Trust com a escalabilidade da Internet das coisas para uma monitorização Wi-Fi em grande escala.

► Ao utilizar a abordagem de rede LoRa, o nosso dispositivo pode lidar com operações de cobertura de áreas metropolitanas.

► Esta abordagem oferece um painel de controlo centralizado e uma GUI para uma visualização de painel de controlo num único ecrã e uma análise eficiente da gestão de ameaças e da avaliação de riscos.

► No geral, o sistema não requer grandes alterações de instalação, sendo fácil de instalar e utilizar a partir de qualquer dispositivo de administração (telemóvel, portátil, PC, etc.)

► O sistema automatizado proposto pode ser facilmente adaptável a utilizadores técnicos ou não técnicos.

► O nosso sistema proposto utiliza o LoRa para uma comunicação segura e adere aos princípios éticos da privacidade dos dados.

*** Aviso de autorização:**

Este projeto destina-se apenas a fins de referência. Os autores autorizam a utilização deste projeto como referência para fins educativos, de investigação ou académicos. No entanto, qualquer utilização comercial, reprodução, modificação, distribuição ou exibição deste projeto ou de qualquer parte dele é estritamente proibida sem o consentimento prévio por escrito dos autores.

10. Conclusão

Em conclusão, este livro debruçou-se sobre o tema crítico da integração da Internet das Coisas (IoT) na cibersegurança, com um enfoque específico nos ataques de inundação. A rápida proliferação de dispositivos IoT introduziu uma nova fronteira de vulnerabilidades e é essencial desenvolver estratégias eficazes para mitigar os riscos associados a estes dispositivos.

Ao longo deste livro, explorámos o conceito de IoT e a sua intersecção com a cibersegurança, destacando os desafios e oportunidades únicos que surgem desta convergência. Examinámos os vários tipos de ataques de inundação, incluindo DDoS, amplificação de DNS e inundação HTTP, e discutimos o seu impacto nos dispositivos e redes IoT.

O livro também apresentou um quadro abrangente para a integração da IoT na cibersegurança, sublinhando a necessidade de uma abordagem a vários níveis que incorpore a segurança a nível dos dispositivos, a segurança a nível da rede e a segurança a nível da nuvem. Discutimos o papel dos protocolos de segurança específicos da IoT, como o CoAP e o MQTT, e explorámos o potencial das tecnologias emergentes, como a inteligência artificial, para melhorar a segurança da IoT.

Além disso, analisámos estudos de caso e exemplos reais de ataques de inundação a dispositivos IoT, destacando as consequências devastadoras destes ataques e a importância de medidas proactivas para os evitar. Também discutimos o panorama regulamentar e de normas, salientando a necessidade de diretrizes e quadros harmonizados para garantir a segurança dos dispositivos e redes IoT.

11. Referências e bibliografia

1) IEEE Transactions On Knowledge And Data Engineering, Vol. 22, No. 3, março 2011 Deteção de fugas de dados Paginação Papadimitriou, Membro, IEEE, Hector Garcia-Molina, Membro, IEEE P.P (2,4-5)

2) Rudragouda G Patil Dept Of CSE, The Oxford College Of Engg, Bangalore. Revista Internacional de Aplicações Informáticas em Ciências de Engenharia [VOL I, ISSUE II, JUNHO 2011] [ISSN: 2231- 4946] P.P (1, 4) Desenvolvimento de deteção de fuga de dados utilizando estratégias de atribuição de dados

3) Nayak, S.K., Ojha, A.C. (2020). Deteção e prevenção da fuga de dados: Review and Research Diretions. Em: Swain, D., Pattnaik, P., Gupta, P. (eds) Machine Learning and Information Processing. Advances in Intelligent Systems and Computing, vol. 1101. Springer, Singapura. https://doi.org/10.1007/978-981-15- 1884-3_19

4) Okochi, Prisca & Okolie, Stanley & Odii, Juliet. (2021). Um sistema aprimorado de deteção de vazamento de dados em um ambiente de computação em nuvem. Jornal Mundial de Pesquisa Avançada e Revisões. 11. 321-328. 10.30574/wjarr.2021.11.2.0385.

5) K. Shafique, B. A. Khawaja, F. Sabir, S. Qazi e M. Mustaqim, "Internet of Things (IoT) for Next-Generation Smart Systems: A Review of Current Challenges, Future Trends and Prospects for Emerging 5G-IoT Scenarios", em IEEE Access, vol. 8, pp. 23022-23040, 2020, doi: 10.1109/ACCESS.2020.2970118. palavras-chave: {Comunicação móvel 5G;Pesquisa de mercado;Protocolos;Internet das coisas;Qualidade de serviço;Segurança;Rede de próxima geração;Internet das coisas (IoT);5G;agregação de portadora;CoMP;CRAN;CRs;HetNets;MIMO;M-MIMO;NFV;SD-WSN;QoS}.

6) Atzori, L., Iera, A., & Morabito, G. (2010). A Internet das Coisas: A survey. Computer Networks, 54(15), 2787-2805.

7) Gubbi, J., Buyya, R., Marusic, S., & Palaniswami, M. (2013). Internet das Coisas (IoT): A vision, architectural elements, and future diretions. Future Generation Computer Systems, 29(7), 1645-1660.

8) L. Roselli et al., "Smart Surfaces: Large Area Electronics Systems for Internet of Things Enabled by Energy Harvesting", em Proceedings of the IEEE, vol. 102, n.º 11, pp. 1723-1746, Nov. 2014, doi: 10.1109/JPROC.2014.2357493. palavras-chave: {Internet das coisas;Colheita de energia;Fontes de energia renováveis;Identificação por radiofrequência;Produtos verdes;Colheita de energia;eletrónica verde;Internet das coisas (IoT);eletrónica de grande área (LAE);sistemas de identificação por radiofrequência (RFID);Colheita de energia;eletrónica verde;Internet das coisas (IoT);eletrónica de grande área (LAE);sistemas de identificação por radiofrequência (RFID)}.

- Notas -

55

******